कविताएँ

अँधेरे में बुद्ध

लेखक की कृतियाँ

कविता-संग्रह

एक दिन लौटेगी लड़की (1989)
अँधेरे में बुद्ध (1996)
यह आकांक्षा समय नहीं (1998)
थपक थपक दिल थपक थपक (2003)
मैं जब तक आई बाहर (2018)
प्रतिनिधि कविताएँ (2023)

यात्रा-वृत्तान्त

अवाक् (2008)

स्मृति-आख्यान

दिल्ली में उनींदे (2000)
इत्यादि (2019)

साहित्यिक निबन्ध

देह की मुँडेर पर तथा अन्य निबन्ध (2019)

अनुवाद-सम्पादन

जंगल में झील जागती : हरिभजन सिंह की प्रतिनिधि कविताएँ (1989)
देवदूत की बजाय कुछ भी : ज़्बीग्निएव हेबैर्त की कविताएँ (2022)
तेजस्विनी : अक्का महादेवी के वचन (2023)

अँधेरे में बुद्ध

गगन गिल

राजकमल पेपरबैक्स

इस संग्रह में दिये गए मॉरिस ब्लांशो (Maurice Blanchot) के उद्धरण अंग्रेज़ी में ऐन स्मॉक द्वारा अनूदित उनकी पुस्तक *द राइटिंग ऑफ़ द डिज़ास्टर* (यूनिवर्सिटी ऑफ़ नेब्रास्का प्रेस) से लिये गए हैं।

पहला **राजकमल** संस्करण 1996 में प्रकाशित

राजकमल पेपरबैक्स में
पहला संस्करण : जुलाई, 2024

राजकमल पेपरबैक्स : उत्कृष्ट साहित्य के जनसुलभ संस्करण

राजकमल प्रकाशन प्रा. लि.
1-बी, नेताजी सुभाष मार्ग, दरियागंज
नई दिल्ली-110 002
द्वारा प्रकाशित

शाखाएँ : अशोक राजपथ, साइंस कॉलेज के सामने, पटना-800 006
पहली मंजिल, दरबारी बिल्डिंग, महात्मा गांधी मार्ग, प्रयागराज-211 001
1, अनमोल सोराबजी सन्तुक लेन, मरीन लाइंस, मुम्बई-400002

वेबसाइट : www.rajkamalprakashan.com
ई-मेल : info@rajkamalprakashan.com

विकास कंप्यूटर एंड प्रिंटर्स
ट्रॉनिका सिटी-201 102
द्वारा मुद्रित

मूल्य : ₹299

ANDHERE MEIN BUDDHA
Poems by Gagan Gill

ISBN : 978-93-6086-104-9

निर्मल वर्मा के लिए

उसके स्वप्न में कुछ नहीं, कुछ भी नहीं,
सिवाय स्वप्न देखने की इच्छा के...

—मॉरिस ब्लांशो

क्रम

अँधेरे में बुद्ध

कुछ इस तरह मृत्यु

उसने स्वयं से कहा : तुम ख़ुद को मारोगे नहीं,
तुमसे पहले तुम्हारी आत्म-हत्या आएगी...

—मॉरिस ब्लांशो

पिता ने कहा

एक

पिता ने कहा
मैंने तुझे अभी तक
विदा नहीं किया

तू मेरे भीतर है
शोक की जगह पर

[1990]

दो

शोक मत कर
पिता ने कहा

अब शोक ही तेरा पिता है

[1990]

यहाँ

यहाँ
छिपेगी वह
कंकाल में अपने
युवा छवि से बचकर

यहाँ
धँसेगी वह
सन्ताप में अपने
आत्मा से छिपकर

नोच डालेगी
विक्षिप्तता यहाँ
देह और स्वप्न

ढूँढ़ेगी वह
तिनका-भर जगह
दूसरों की कविता में

यही वह पत्थर है
जिसे चाटेंगी वे

एक जो मछली है
एक जो अ-मछली है

डूबेंगी
दोनों ही

यहाँ
यहीं पर

[1994]

जिस एक काँटे से

जिस एक काँटे से
बचने के लिए
तैरती रही मछली
समुन्दर-दर-समुन्दर

उसकी देह में छिपा था

[1990]

जल था देह थी

जल था
देह थी
ग़नीमत थी

वहीं कहीं देह में
किसी और का प्रारब्ध था
किसी और की विस्मृति थी
एक छोटी-सी अँगूठी थी

वह तो उन्हें बस
लिये-लिये फिरती थी

ग़नीमत थी

नन्ही-सी जान वह
बहे चली जाती थी
पानियों में पानी बन

उसे क्या मालूम था
देह में उसकी
कितना सन्ताप था
एक ऋषि-कन्या का

यूँ कभी-कभी पहले भी
वह दोहरी होती जाती थी
मछुए के हाथों ज्यों
घिरी चली जाती हो

लेकिन तब

जल था
देह थी

तैरती हुई मछली
समझती थी
ग़नीमत थी

[1990]

कुछ इस तरह मृत्यु

कुछ इस तरह मृत्यु
उसकी आँखों में चमकी

जैसे टिमटिमाता सितारा हो
जैसे आकाश हो
चिड़ियों से भरा
हवा हो
बरसात से पहले की

कुछ इस तरह लपकी मछली
जल से बाहर
जैसे वहाँ मृत्यु नहीं
आदि-स्वप्न में
लौटने की लालसा हो

कुछ इस तरह उसने
महीन दाँतों से अपने
जल को पकड़ा
जैसे यह आख़िरी बार हो

मालूम था उसे
मर जाएगी वह
समुद्र में जाकर
लौट जाना चाहा
उसने अन्तिम बार
नदी के जल में

फिर डूब गई मछली
किन्हीं दूसरे ही पानियों में

[1990]

मछली

इस मछली के मस्तिष्क में
जल नहीं
आकाश भर गया है

पानी नहीं
उड़ने की लालसा
भर गई है
इस मछली की देह में

भरे समुद्र में वह
ख़ाली कर रही है स्वयं को
अनवरत सदियों से

छोटी-बड़ी मछलियों के
बीच गुज़रती
चिन्तन-मग्ना यह मछली
पूछती है ख़ुद से—
समुद्र कहाँ गया
तुम्हारा ओ?

तैरती हुई मछली
दोहराती है यह प्रश्न
जैसे प्रार्थना-मंत्र हो

जानती नहीं मछली
आकाश भर गया है
उसके मस्तिष्क में

कि कपाल-क्रिया उसकी
शुरू हो चुकी है
भीतर से

[1990]

आधे सिर का दर्द

एक

नौका हिलती है
रक्त की नदी में

इस तरफ़ पहाड़
उस तरफ़ बाँध
झरने की ऊँचाई
या कि गहराई
कहीं-कहीं डुबोने को
उद्यत एक भँवर भी
बेक़ाबू नौका
दौड़ती है
रक्त की नदी में

यहीं कहीं स्मृति थी
ऊबड़-खाबड़ स्वप्न थे
एक परिचित दुनिया थी

उसके होने की सांत्वना थी
अचानक यह क्या हो गया?

किनारे खड़ी नौका का
लंगर ज्यों टूट गया
रक्त के समुन्दर में
बैठे शेषनाग ने
करवट ली फिर

परिचित सुख में खुभने को
निकल पड़ा
दर्द का एक शूल
सिरहाने रखा

रक्त की नदी में
कितना उफान है
कितना तूफ़ान है
ख़तरा है कितना

क्या कोई जानता है?

[1993]

दो

कपाल के भीतर
टीला है एक
सूखे दुख का

कभी-कभी उसे भिगोने
चढ़ बैठती है
रक्त-नदी उस पर

लौटता है पुराना
आधे सिर का दर्द

यह एक ज़िद है
देह और आत्मा में
आत्मा और उसका दुख
रचनेवाले में

अँधेरे हिस्से में पड़े
किसी फफोले को बिठाने की ज़िद

ईश्वर नहीं चाहता
उसकी माया में विघ्न हो
कि मनुष्य उससे छिपाकर
अपना दुख रखे
किसी सन्दूक़ची के नीचे

इसलिए ईश्वर
उफानता है रक्त-नदी

जैसे छूना हो
सूखे टीले के साथ-साथ
मनुष्य का रहस्य

अब यह मनुष्य पर है
कि वह ईश्वर की
उत्सुकता से
अनुकम्पा से
कैसे बचकर रहे

[1993]

तीन

पहले-पहल ईश्वर ने माया से सृष्टि की। उसमें स्त्री-पुरुष, बैल-घोड़े, चिड़ियाँ, कुछ दुर्दम्य जानवर रखे। ईश्वर की माया थी कि इतने प्राणियों के रहते भी वे सब अकेले थे, कुछ अपनी निरीहता में तो कुछ अपनी दुर्दम्यता में।

फिर ईश्वर ने एक और सृष्टि की। माया से नहीं, मोह से।
संसार में इच्छा का जन्म हुआ, स्मृति का और सन्ताप का।
इस तरह ईश्वर ने स्थूल में सूक्ष्म को प्रतिष्ठित किया।

लेकिन कभी-कभी कोई-एक विरोध करता था। सूक्ष्म और स्थूल के बीच का पुल तोड़ देता था, बहा देता था। यह पुल वह बनाता था, ईश्वर से बहुत छिपकर। अपने कपाल के भीतर।

यहीं पर कभी-कभी आधे सिर का दर्द उठता था।

[1993]

चार

दुख एक चमकता लेकिन खोटा सिक्का है।

ज़्यादातर लोग इसके खोटे होने की फ़िक्र में मौक़ा मिलते ही इसे भुना डालते हैं। लेकिन कोई-कोई मनुष्य इसे आख़िर तक बचाता है। जैसे ही यह किसी ऐसे के हाथ में आता है, ईश्वर उसके पीछे लग जाता है। जासूस की तरह। इस लम्बी आँख-मिचौनी में ईश्वर मनुष्य को कई तरह से ललचाता है। कई बार तो सिक्का मनुष्य के हाथ से जाते-जाते बचता है। जब मनुष्य बहुत ख़तरे में होता है, तब वह एक सिरहाना बनाता है, गुप्त, अपने कपाल के भीतर, ताकि इसे वहाँ रख सके।

इसी सिरहाने को कुछ लोग आधे सिर का दर्द कहते हैं।

[1993]

पाँच

ज़्यादातर दुख एक शूल है। एक शूल दुख नहीं।

कुछ भाग्यवान ऐसे होते हैं कि जीवन की शुरुआत में ही उनका शूल से वास्ता पड़ता है और वे उसे दुख समझ लेते हैं। इस तरह ये बड़े दुखों से बच जाते हैं और शूलों से भी। कुछ ऐसे होते हैं जिनका दुखों से भी वास्ता पड़ता है, शूलों से भी। लेकिन वे दुख को दुख और शूल को शूल समझते हैं। ये भी बचे रहते हैं। कुछ ऐसे होते हैं कि शुरू से ही दुख को शूल समझते हैं और इस शूल को आत्मा से नहीं, आत्मा को शूल में से निकालते हैं। अन्ततः ये कितना बच पाते हैं, सिर्फ़ यही जानते हैं। हमारे यहाँ इनके कई नाम मिलते हैं। जैसे बुद्ध।

लेकिन कुछ ऐसे होते हैं, जिन्हें शूल और दुख और आत्मा को अलग-अलग छीलते यह भान हो जाता है कि वे बचेंगे नहीं। वे जहाँ भी जाएँ, जहाँ भी लौटें, एक ख़तरनाक खाई उन्हें पुकारती रहती है कि ज़रा असावधानी होते ही उसमें जा गिरें।

ऐसे में अदृश्य ईश्वर उनकी छाया से बाहर आता है। सत्य नहीं, सहायता देने। खाई के मुहाने मुँडेर बनाने।

जो लोग आधे सिर के दर्द से डरते हैं, उन्हें जानना चाहिए कि इस मुँडेर के पीछे विक्षिप्तता की खाई है।

[1993]

अन्धी होती औरत

[ज्योत्स्ना मिलन की 'बा' के लिए, जो एक दिन उस कहानी से निकलकर इन कविताओं में आन बैठी।]

एक

न रंग सूझता है उसे न धब्बा। न अक्षर न मात्रा। मात्राओं में छिपी ध्वनियाँ भी नहीं। संसार हो गया है एक अपरिचित वर्णमाला। फिर भी पढ़ रही है वह, एक प्राचीन लिपि बूझ नहीं पाए जिसे अभी तक विद्वानगण। अब वहाँ कोई नहीं। न प्रेम का चेहरा। न सत्य का चेहरा। न आत्मा का गँदलापन।

व्योम में टटोलती है अन्धी होती औरत पाप-पुण्य का हिसाब। चित्रगुप्त तक नहीं मिलते उसे अपने कन्धों पर। अकेली है वह यम की देहरी पर। निष्प्रश्न।

ख़ून के आँसू रोती थी उसकी आँख।

[1994]

दो

आकाश में देखने से उसे डर लगता था। जाने कितने चाँद-सितारे-सूरज वहाँ घूमा करते थे। पिशाच घूमते थे वहाँ और दूसरे ग्रहों के प्राणी। वह तो बस अपने में ही रहती थी। भीतर की साँकल ठीक से चढ़ाकर। एक दिन वह निकली सुबह-सुबह लाने पानी। जाने क्या सोचने लगी पूर्वजन्म के बारे में। कुएँ में देख रही थी जब आँखें नहीं रहीं।

अगर आँखें बची रहतीं तो चुगती वह नमक—अपनी पलकों से—जो किसी दूसरे जन्म में बिखेरा था।

[1994]

तीन

अपने ही हाथ से टकरा जाता था हाथ अकसर। पाँव उलझ जाता था पाँव में ऐसे कि गिरती चली जाती वह सीढ़ियों से, जो कहीं न होतीं।

अनजाने वह चली जाती किसी बुरे सपने में और दरवाज़ा बन्द हो जाता बाहर से। नाड़ियाँ फँस जातीं नाड़ियों में, प्राण प्राणों में। सब उसे त्याग देते उस क्षण। शरीर में बैठी मृत्यु तक। सपने के भीतर अन्धी होती थी वह या कि बाहर, वह नहीं जानती थी। थोड़ी-सी सफ़ेदी वह फिर भी उठा लेती। भविष्य के लिए।

उसे क्या मालूम था, यही सफ़ेदी उसकी झिल्लियों पर फैलेगी, एक दिन।

[1994]

चार

बाहर के अँधेरे में चलती थी वह या कि भीतर के, उसे मालूम नहीं पड़ता था। सीलन जमी थी तहख़ाने में या कि उसकी उँगलियों में, उसे बतानेवाला कोई न था। पेड़ में फैल रहा था काठ या कि काठ ही था वहाँ सृष्टि के आरम्भ से। पेड़ हो या काठ, वह तो इतना-भर जानती थी, वहाँ एक यक्ष का बसेरा था। यक्ष जो खेलता था उसके साथ घर-घर। यक्ष जो पूछता था उससे प्रश्न। यक्ष जिलाता था उसे मूर्च्छा से—पूछने को और प्रश्न।

अपनी सन्तानों तक के मुँह भूल रही थी वह। दिमाग़ में था या कि आँखों में, कैसा अँधेरा था यह।

[1995]

अवान्तर

एक

इस जगह सिर पटकता है झरना
चट्टान पर

इस जगह स्मृति
निकालती है बाहर
पीड़ा की फाँक को

इस जगह सूखने से पहले
नदी अन्तिम बार
लहलहाती है

उसकी देह पर देख
पवित्र यज्ञोपवीत
इस जगह
एक आँख रोती है वह
एक आँख हँसती

उसकी देह में
वह रखती है
चुपके से

इच्छा-मृत्यु अपनी

इस जगह

[1994]

दो

इस जगह
कोई नहीं

उनके पितर उनसे दूर हैं
व सन्तानें और भी दूर

इस जगह उनके पुण्य उन्हें
बचा नहीं सकते
न उनके पाप डुबो सकते हैं उन्हें

इस जगह वे साधारण
केवल अपनी कामना में असाधारण हैं

इस जगह काल कुतर रहा है
उनकी देह को
एक-दूसरे के बहाने

इस जगह उसकी आत्मा में
शताब्दियों बाद उभरता
एक द्वीप है

एक अधबना शब्द
जो बीच रास्ते वह
उसे देना चाहती है

इस जगह
बहुत सारा तेज है
बूँद-बूँद टपकता
उसकी आत्मा में

और उसे कुछ याद नहीं
अपनी भंगुर आँखों के सिवाय

इस जगह
कोई नहीं

[1994]

तीन

थम भी तो सकते थे बीच आकाश में
जब लौट रहे थे धरती को

किसी दूसरे ग्रह पर भी तो जा सकते थे
अपना असम्भव घर ढूँढ़ने

ईश्वर की सराय में ही रुक सकते थे
एक-आध कल्प

नक्षत्रों के अँधेरे में
देख आ सकते थे वह पुल
जो खिसक जाता था
नींद में अकसर
हमारे पैरों तले से

थोड़ा-सा जोखिम व्योम में
उठा भी तो सकते थे
टकराने का किसी
शैतान या फ़रिश्ते से

दान कर सकते थे कामना
सौरमंडल में वेष बदलकर
घूमते किसी देवता को
कुछ अलग तरह काया
छू सकते थे अपनी
गुरुत्वाकर्षण से बाहर

और नहीं तो
बिना छाते के ही
कूद सकते थे

थम नहीं सकते थे अगर
आकाश में

[1994]

चार

हम नहीं आएँगे तुमसे कहने

कि इन दिनों हम नक्षत्र हैं
नक्षत्रों की तरह अकेले

हम नहीं आएँगे तुमसे कहने

कि इन दिनों साँस में
टूटा हुआ है एक काँच

कि देवता गुज़रते हैं बारी-बारी
हमारे भीतर
कोई प्राचीन दुख जिलाने

कि छिपी बैठी है हमारी आत्मा
इन दिनों साँस के भीतर
विस्थापित अस्थि की तरह

कि उड़ती थीं जो चिड़ियाँ
हमारे भीतर
थकना शुरू हो चुकी हैं

कि उनके बैठने को कहीं
कुछ न था
न पेड़, न छत
न पिंजरा

कि एड़ी से भी बड़ी
हो गई है अब
कील जो गड़ती थी एड़ी में

हम नहीं आएँगे तुमसे कहने

[1994]

अवसाद

मेरे शब्द मेरा घर थे, हवा मेरी क़ब्र...

—आक्टावियो पाज़

एक

कौन-सा यह देश है
देह का?

ठिठुर रहे हैं
उसके चित्रगुप्त
नंगी टहनियों में
इस रात

दूर तक
बर्फ़ में
कहीं नहीं
कोई

बूँद-भर
सन्नाटा
टप-टप
टपक रहा है
काँच की आँख से
कौन-सा यह नगर है
एकान्त का?

क़ब्र में
चलते हैं
अभी तक
नन्हे पाँव

उसके

दिखाई नहीं देती जो
देती है सुनाई
वही क्यों
अब तक?

रुक गई थीं
नदियाँ

भँवर के मुहाने पर

छोड़ गई थीं
बालू
सिर्फ़

उड़ती

कौन-सा पाताल
है यह

किस नदी का?

[1992-96]

दो

दुनिया
तैर रही थी
सतह के ऊपर

डूबी
देख रही थी वह
जल की तह से

[1994]

तीन

अभी से
बना ली है
उसने अपनी जगह

इस जगह
तालू में

लगने से पहले
निगलने से पहले

बूझो क्या?

[1994]

चार

रोती हुई
उठती है वह
एक दिन
नींद से

हो गई है पार
इस बार
गर्दन से

इसी तरह
मरा करती थी
माँ
उसकी नींद में
बचपन में

माँ की माँ
माँ के बचपन में

[1994]

पाँच

वे उसके
कोई नहीं

उनके मुँह से
निकलते हैं
शब्द
ठीक-ठीक

उसके मुँह से
कूँ-कूँ

कुतिया की

वह उनकी कोई नहीं

उनकी आँखें
देखती हैं उसे
साबुत-क़ायम

उसकी आँखों में
फड़कते हैं
चमगादड़

लहूख़ोरे

कोई उसका पिंड छुड़वा रहा है
इस एकान्त में
ढोलक बजा रहा है सोने की
किसी दूसरे समय में

नसों के इस जंगल में
उग रही है एक
और प्रजाति

जा रही है वह
उसमें

बिना गए
दूसरे जन्म में

[1993-96]

आख़िर की कविताएँ

[नैंसी के लिए]

एक

उनींद का यह पुल है
और तुम उसके स्वप्न से
बाहर हो

सपने में वह
किसी दूसरे के साथ है
किसी दूसरी लालसा में
किसी दूसरे जीवन में

उसकी देह ने उतार दी है
तुम्हारी स्मृति की केंचुल
नींद के भीतर
नींद के बाहर

अब वह सामने जो है
बिस्तर पर
स्वप्नरत
तुम्हारा कोई नहीं
अजनबी है एक
इस एकान्त में
तुम चाहो तो इसे
अनदेखा कर सकती हो

दर्द की इस लहर को
दबा सकती हो अभी
अपने सीने में

उनींद का यह पुल है
हवा में टँगा

सिरे जिसके
भुरभुरा गए हैं
इस रात में

इस पार या उस पार
अब तुम
जा नहीं पाओगी

[1993-96]

दो

उसके स्वप्न का जो रहस्य
गुप्त था अब तक
चला आया है तुम्हारी
खाने की मेज़ पर

वह बैठता है तुम्हारे पास
तुम उसके
उसके स्वप्न की बेवफ़ाई
देखती है
एकटक तुम्हें

अभी इस आदमी को
नहीं मालूम
कि तुम
जान गई हो
इसका झूठ

अभी इसे ख़ुद भी नहीं मालूम
कि यह जी रहा है
सपने में एक और जीवन

अभी इसे
बहुत समय लगेगा
तुमसे कुछ भी कहने में

ख़ुद का भी जाने यह
कब कर पाएगा
सामना

अभी यह तुमसे
अलग नहीं होगा
साथ चिपटा रहेगा

आख़िर तक
निभाना चाहेगा तुमसे कहे
तमाम पवित्र शब्द

सिर्फ़ तुम थक जाओगी
एक दिन

मेज़ पर बैठी
इस तीसरी की
टकटक से

[1993-96]

तीन

उस दूसरी का जीवन भी
कोई आसान नहीं है

सिर्फ़ वह जानती है
कि तुम जानती हो
इस आदमी के
स्वप्न के बारे में

उसके भी अपने टीले हैं
बालू के
वह रोज़-रोज़ चढ़ती है
रोज़-रोज़ गिरती है

सपने में आदमी
जीता है उसके साथ जो जीवन
उससे वह उतना ही बाहर है
जितना तुम

तुम्हें कम-से-कम वह अपनी
केंचुल तो दे जाता है
जाने से पहले

यही उस दूसरी का दुख है
जीवन उसका भी बड़ा मुश्किल है

[1993-96]

चार

एक दिन वह भी जान जाएगा
अपने स्वप्न के बारे में

झेंपता-सा घूमेगा
तुमसे नज़रें छिपाते

अचानक वह जाने लगेगा
बहुत लम्बी सैरों को
अचानक वह करने लगेगा
थका देनेवाले काम।

दोस्तों के पास जाकर
रात-रात पिएगा
कहेगा
नहीं किसी से कुछ
हँसेगा
सबसे ऊँची आवाज़ में

यह एक चेतावनी है

वह ढूँढ़ रहा है पृथ्वी पर
एक जगह गुप्त
जहाँ फेंक सके कहीं
यह नाजायज़ स्वप्न

इस चेतावनी में कुछ भी हो सकता है

अभी उसे समय देना

अभी उसके लिए
बन्द मत करना
घर का दरवाज़ा
मत बताना उसे
कि जानती हो तुम सब
आख़िर तक

घर लौटने के लिए ही
घूम रहा है वह
इतना बीहड़
लम्बा रास्ता

[1993-96]

पाँच

एक दिन आएगा
चुक जाएँगे
तुम्हारे हिस्से के सब दिन

वही घर होगा
वही घर की चीज़ें

बस तुम दोनों
बैठे होगे अनाथ
अनाथ बैठी होंगी
तुम्हारी न-हुई सन्तानें

बाहर होगी दुनिया
उसी तरह
तुम्हारे निकलने का इन्तज़ार करती

छाया जिसने
ढहा दिया
तुम्हारा बसा बसाया घर
वह कहीं न होगी

सबसे पहले वही निकलेगी
तुम्हारे घर से बाहर
दुनिया में खो जाने के लिए

कम पड़ जाता है
कभी-कभी
जीवन-भर का प्रेम भी

एक स्वप्न के सामने

[1993-96]

उस दिन

[एक अनजान पड़ोसिन के लिए, जिसके बारे में सिर्फ़ सुना एक दिन, वह नहीं रही।]

उसके पाँवों में बँधे थे
ऊँची एड़ी के सैंडिल

उसे कहीं जाना था

मेज़ पर रखा उसका टिफ़िन
अभी तक गर्म था

उसे वह खाना नहीं था

उसने पहुँचा दिया था
रोज़ की तरह अपना शिशु
पड़ोस के क्रैश में

वह पूरी तरह तैयार थी
महानगर में एक और दिन के लिए

उसे आख़िर तक नहीं मालूम था
आज कहीं गड़बड़ है

घर के भीतर उसे सिर्फ़
टिफ़िन उठाने आना था

रोज़ जैसा सूरज था बाहर
रोज़ जैसा सन्नाटा भीतर

कि तभी उसके सिर में घूमने लगा फिर
एक ततैया
जाने कितने दिनों से
बन्द था वह वहाँ

उसने कमरे के सब पर्दों को खींचा
स्टूल रखा बिस्तर पर
फिर धकेल दिया उसे भी
उस पर चढ़ने के बाद

कोई नहीं जानता
वह क्या सोच रही थी आख़िर तक
सब जानते हैं लेकिन
मालूम था उसे—
एक चमकीला दिन है बाहर

[1996]

एक आवाज़

[उसी अनजान पड़ोसिन के लिए]

भिन्न-भिन्न करती थी एक आवाज़
अकेले में

मैं जीना चाहती हूँ

वह कहती थी
अपने से अकसर

मैं जीना चाहती हूँ

दिमाग़ के अँधेरे में
कुतरता था ततैया
एक छोटी-सी नस

आता था यह स्वर
वहीं से

मैं जीना चाहती हूँ

तमाम दिन सहसा
हो गए थे चमकदार
रातें और भी स्याह
सितारे और भी पास

कुछ ऐसे कि उससे
सहा नहीं जाता था

यूँ तो कौन कह सकता है
कि सहा नहीं जाता था

लेकिन छोड़ा जो उसने
एक आख़िरी वाक्य
सिरहाने के नीचे

वह कहता था यही—

मैं जीना चाहती हूँ

[1996]

जल्दी ही

उसकी आँखें चमक रही हैं
कुछ ज़्यादा ही तेज़
बुझ जाएगी वह
जल्दी ही जल्दी ही

उसके सपने में है झील
नीली, गहरी, सीली
डूबेगी वह उसमें ही
जल्दी ही जल्दी ही

उसके रोने में हैं कई
तितलियाँ उड़तीं काली
बन्द होगी यह किताब
जल्दी ही जल्दी ही

उसके पंख चिर रहे हैं
अपने ही काँच से अब
जाम होगी उड़न-छतरी
जल्दी ही जल्दी ही

बालू है, नहीं है दरिया
बहा गए हैं जिसमें दोस्त
डूबेगी इसी में लेकिन
जल्दी ही जल्दी ही

फ़रार है अभी किसी
बचपन के दुख से वह
पकड़ी जाएगी सपने में
जल्दी ही जल्दी ही

[1996]

मित्र

[एनरिके के लिए]

जिस किसी के पास नहीं है घर, अब कभी नहीं होगा
जो कोई है अकेला, रहेगा हमेशा अकेला...

—रिल्के

एक

हवा सोख रही है
उनकी हँसी की आवाज़ें

हवा सोख रही है
उनके कष्ट
उनके राज़

अभी जिनमें दौड़ रहा है
लहू बेतहाशा
बिछुड़कर हो जाएँगे
छाया-भर अपनी

यह ईश्वर की घड़ी है

उसे मालूम है
क्या बीतनेवाली है
इनके साथ
यहाँ से बिछुड़कर

चला आया है वह
छोड़ सब काम
इसीलिए
देखने उन सबको

अभी वे सब
हिल रहे हैं
ईश्वर के तिलिस्म में

पुतलियों-से

गड़बड़ा गया है
सारी सृष्टि का
सन्तुलन

एक उनकी हँसी से

आन पहुँचा है ईश्वर
उनके कक्ष के बाहर

ईश्वर की घड़ी है यह

और वे
सब
अनाथ

ईश्वर के

[आयोवा, 1990-1996]

कभी स्वयं को दोस्ती का स्वप्न देखने की इजाज़त मत देना। दोस्ती एक चमत्कार है...

—सिमोन वेल

दो

ईश्वर नहीं आएगा अब
कभी उनके पास

दुनिया होगी
बहुत बड़ी
महाद्वीपों
समुन्दरों से भरी

लुढ़कते रह जाएँगे वे
गेंद की तरह
सब-के-सब

दिशा न होगी
कहीं
दोस्तों के घर की

भूल जाएगा ईश्वर
खींचना अक्षांश
खींचना देशांश

कहीं न होगी
उनके हिस्से की
पृथ्वी अब

पृथ्वी होगी
ईश्वर के समय से बाहर

लुढ़केंगे वे

ब्रह्मांड की
सबसे क्रूर सतह पर

[1990-96]

इस जादुई घेरे में

[झांग यीगाँग के लिए]

यह जो तुम उसे ले आए हो
नृत्य के इस जादुई घेरे में
तुम उसके कौन हो,
प्यारे अजनबी?

यह जो थिरक रही है
तुम्हारी उजली देह
उन सबके संग
एक आदिम धुन में
अपनी अनगढ़ लय में
क्या इसे अभी से मालूम है
भूलेगी नहीं यह धुन वह?

यह जो तुम्हारा शब्द
चला आया है निकलकर
एक अनजान भाषा से
उनका द्वार खटखटाता

यह तो नहीं आनेवाला
किसी शब्द-कोश से बाहर

एक दोपहर वे सब तुम्हारे कमरे में होंगे। तितलियाँ पकड़ते—
जो बन्द नहीं होतीं तुम्हारे मुँह से निकलना।
अभी कुछ नहीं हुआ थिआननमन में, प्यारे दोस्त। अभी दिख रही है साफ़—चीन की दीवार—चाँद से। तुम्हारे यूँ घबराने का कोई कारण नहीं अभी।

यह जो तुम नाच रहे हो
उनके संग
यह जो तुम नाच रहे हो
अपने एकान्त के संग

क्या तुम्हें मालूम है
यह नाच है
मृत्यु का,
प्यारे अजनबी?

[आयोवा, 1990-96]

थिआननमन

[झांग यीगाँग के लिए ही]

यह तुम्हारा स्क्वायर
नया धुला-सा है

तसवीर में न देखी होती
तो पहचान में न आती
ऐसी मृत्यु

तुम कहाँ हो,
प्यारे अजनबी?

तुम्हारा शहर यह
अजनबी
भाषा का शहर

तुम्हारा शहर यह
मर गए
परिन्दों का शहर

तुम्हारा शहर जहाँ
समझते नहीं वो
उसका उच्चारण

तुम्हारे इस शहर में
उसके मुँह पर आता है
तुम्हारा नाम
रुआँसा-सा
इस जगह   उस जगह   सब जगह

धुआँ-सा हो गया है
तुम्हारा नाम
उसके मुँह में

वह देखती है उनके सिर
इनकार में हिलते
इस जगह   उस जगह   सब जगह

जैसे इस
अटपटी पुकार के बाहर
तुम कभी थे ही नहीं
पृथ्वी पर

अपने इस शहर में तुम
क्या हो कहीं
अब भी,
प्यारे अजनबी?

क्या अब भी है
अशान्त, उदास
तुम्हारी वह
उजली-सी देह?

[1994-96]

इस यात्रा में हम*

मन परदेसी जे थीआ
सभ देस पराया...
—गुरु नानक

लक्ष्मण गायकवाड़ के लिए, जिसने पेइचिंग में कहा, एक वेट्रेस के लिए, "देखो, देखो, कैसे परोस रही है मुझको, दूर से ही देख रही थी कि मैं कुछ खा नहीं रहा हूँ, भला मैं इसका क्या लगता हूँ?"

लक्ष्मण, इस यात्रा में हम
किसी के कुछ नहीं लगते

जिनके हम कुछ थे
वे हमसे दूर हैं बहुत

हो सकता है
उनकी अदृश्य उँगलियाँ
खिला रही हों हमको

चीन यात्रा की स्मृति में, जिसमें हम छह थे—रमाकान्त रथ, के. सच्चिदानन्द, डी.आर. नागराज, जी.एन. डेवी, लक्ष्मण गायकवाड़ और मैं।

हो सकता है
उनकी उँगलियाँ
रूठी हों इस समय
हमसे

हो सकता है
उनसे अलग भी
हमारे अपने हमसे बिछुड़े हों

सम्भव है
इस माया के पार
सिर्फ़ यही लड़की देख सकती हो

लक्ष्मण, इस यात्रा में हम
किसी के कुछ नहीं लगते

लक्ष्मण, इस यात्रा में हम छह
पाँच महाद्वीप, एक बवंडर हैं
पाँच बवंडर, एक महाद्वीप हैं

पता नहीं किस काल ने
ख़ंडित किया हमें
अलग-अलग

कौन-सी शताब्दी हमें
छोड़ गई यहाँ
पृथ्वी के इस अनजान कोने में
एक-दूसरे के साथ

स्वर्गारोहण को निकले
एक महाकाव्य के पात्र
इस यात्रा में किसी के
कुछ नहीं लगते

इस यात्रा में हम
किसी आदि-मानव की यात्रा को
सम्पूर्ण करने आए हैं

इस यात्रा में हम
कइयों से बिछुड़ने
कइयों को साथ ले चलने आए हैं

इस यात्रा में हम
उँगली रखने आए हैं
अपने निजी सन्ताप पर

देखने आए हैं
कि महाद्वीप बदल जाएँ अगर
तो बदल जाता है क्या
दुख का चेहरा?

अकेलापन हो जाता है क्या
किसी दूसरे सह्य रंग का?

['मिस तू' अगर न रखती अपना रोता चेहरा
डेवी के कन्धों पर

तो दुख का रंग क्या
हर महाद्वीप में वही रहता?]

लक्ष्मण, इस यात्रा में हम
जिनके सब कुछ हो सकते थे
उनके कुछ भी नहीं हैं

जो हमारे हैं
वे आते हैं प्रेतात्माएँ बनकर
हमारे बन्द दरवाज़ों के बाहर
हमारी साँकल खटखटाते
हमारी खिड़की थपथपाते
आधी रात को

जो हमारे हैं, लक्ष्मण
उनसे हम डरते हैं इस यात्रा में

उनसे डरकर हम
रात डेढ़ बजे जीनान में
फ़ोन करते हैं एक-दूसरे को

डर से जा चिपकते हैं काँच से
पतंगे की तरह

अपने बिछुड़े हुओं को देखते हैं
पेड़ की एक शाख़ से
दूसरी को जाते हुए

जो हमारे हैं
उनसे बचने के लिए हम
मंत्र उच्चारण करते हैं
इस यात्रा में

स्वर्गारोहण को निकले
एक महाकाव्य के पात्र हम
इस तरह बारी-बारी गिरते हैं
विस्मृति के पुल से
युधिष्ठिर सहित

इस यात्रा में, लक्ष्मण
किसी के हम
कुछ नहीं लगते

[1994]

कंजिका : कुछ विलाप

कनु की स्मृति में

20.9.1985—29.10.1991

मातम की दुनिया में शोक नहीं रहता, जो उसकी रखवाली करता है—वह शोक है।

—मॉरिस ब्लांशो

कनु
मेरी नूनू
नूनू मूनू
मेरी बिट्टा
मेरा बन्दर
मेरी चुहिया

सब नाम लिखे हैं काग़ज़ पर
एक वह नहीं आता बाहर
जो उसके जाने के बाद रखा...

एक

एक साँस और मेरी बच्ची
मैं चलती हूँ एक मील

एक साँस और मेरी बच्ची
मैं चलती हूँ दूसरा मील

चलती जाती हूँ
और रुक जाती हूँ
इसके बाद तुम्हें
साँस नहीं आई थी

ढाई मिनट बाद वे
उतारते हैं तुम्हारे शरीर की
सुइयाँ—ग्लूकोज़, ख़ून, ऑक्सीजन

साठ हज़ार मील
चलती है तुम्हारी आख़िरी साँस

साठ हज़ार मील
चलता है विषाक्त रक्त
तुम्हारी देह में

तुम जहाँ भी छोड़ती हो हमें
आख़िरी बार
उसके बाद
जाने कितने
साठ हज़ार मील
हम रह जाते हैं तुमसे पीछे

एक साँस और मेरी बच्ची
मैं चलती हूँ
कई नक्षत्र
तुम्हारे बाद

[1991]

दो

इस जगह
उसकी हिचकी है प्यासी

यह नहीं है वह

इस जगह
उसका पाँव पड़ा है सुन्न

यह नहीं है वह

इस जगह
फाड़ दी है ज़हर ने
उसकी पीठ

यह नहीं है वह

उसके बाल उलझ गए हैं
अन्तिम स्नान के बाद

यह नहीं है वह

उसने देखा है हमें आख़िरी बार
नये कपड़े पहनकर

यह नहीं है वह

उसकी किलकारी में उड़ रही है
ख़ाक उसकी

यह नहीं है वह

[1992-96]

तीन*

पहली रात है यह

सूखा आटा फैला है
ज़मीन पर

आएगी
आएगी
वह अपना पाँव रखकर
जाएगी

सोएँगे
सोएँगे
हम मातम में भी सोएँगे

---

*उत्तरी भारत की शोक-संतप्त माँएँ पहली रात ज़मीन पर सूखा आटा फैलाकर इन्तज़ार करती हैं कि शायद मृत सन्तान की आत्मा अपने अगले जन्म का कोई पदचिह्न वहाँ छोड़ेगी।

देखेगी
देखेगी
हमें इसके बाद नहीं देखेगी

नोचेंगे
नोचेंगे
सुबह हम बाल अपने नोचेंगे

रुकेगी
रुकेगी
अधबीच रस्ते वह रुकेगी

भूलेंगे
भूलेंगे
इस सोग में ही भूलेंगे

[1992-96]

चार

हमें पता नहीं चला

उल्काएँ टूट रही थीं अन्तरिक्ष में
न जाने कब से

अभी-अभी एक ग्रह-मंडल
विलुप्त हो चुका था ब्रह्मांड की सीमा से

समुद्र में बढ़ चुका था
डूबते जहाज़ों का शोर

अपनी कच्ची केंचुल के साथ
जीव आ चुके थे धरती से बाहर

हमें पता नहीं चला

आकाश में उड़ते पक्षी
स्थिर हो गए थे

पितर भूल गए थे
अपने घर का रास्ता

थम चुका था
बिल्लियों का रोना

सूखी लकड़ी बहुत भीतर
गीली होने लगी थी

खोपड़ी के नीचे बाल
सफ़ेद होना शुरू हो चुके थे

हमें पता नहीं चला

तुम्हारी कॉपी में दबी थी पेंसिल
आधे होमवर्क के बीच

'मीरा घर चल
मीरा मेरे साथ घर चल'
तुमने लिखा था

हैंगर में स्कूल की ड्रेस थी
जिसे तुमने ख़ुद टाँगा था

मिल नहीं रहे थे तुम्हारे जूते
तुम उन्हें पहन
पता नहीं कहाँ चली गई थीं

हमें पता नहीं चला

चींटियाँ आ गईं जब
तुम्हारा शव ले जाने
तब हमें पता चला
समय हो गया है

[1994]

पाँच

वह नहीं लिखती दीवार पर मेरा नाम।

अपनी माँ से छिपकर ज़ीने की दीवार पर वह लिखती है एक गुप्त सन्देश—'गुरप्रीत मैडम, आई लव यू'। एक अकथनीय प्रेम, जिसके बारे में वह अभी से जान रही है। जिसे वह अभी से बचाना चाहती है।

मेरे बारे में वह चुप है। मैं उसके जीवन में कुछ खुली जगह में हूँ, कुछ अन्धकार में। 'तुम मेरी बेटी बनोगी?' पूछती हूँ जब भी, वह कोई हिसाब लगाती है। 'अच्छा बन जाऊँगी। सबके पास कोई न कोई है और मेरी ममी के पास दो। आपका तो कोई नहीं।' मैं उसे भींच लेती हूँ। उसके और मेरे बीच मेरी काया का जंजाल है।

मरने से पहले वह कई चित्र बनाती है। एक घर है सुनहरे काग़ज़ पर लाल रंग का, एक नदी है हरे रंग की। मछलियों जैसी कुछ लकीरें हैं कि मृत्यु आ गई है वहाँ भूरे रंग में। हम नहीं जाएँगे वहाँ।

हम नहीं देखेंगे इन रंगों को एक साथ। मैं नहीं छू पाऊँगी कभी उसकी नन्ही उँगलियाँ।

लिखती थी वह दीवार पर एक नाम, जो मेरा नहीं होता था।

[1994]

छह

उसके मुँह में अभी दूध के दाँत थे। चूहा नहीं आया था कुतरने उन्हें। जब हमने उसे जलाया।

उसके लम्बे बाल जब जले बड़ी लड़कियों-से हो गए थे। चिता पर रखी वह किसी सती जैसी लगती थी।

उसके कफ़न में से बाहर निकल आया था उसका हाथ—लाल चूड़ी पहने। हमने उसका शरीर तो नहीं, सिर्फ़ हाथ देखा था—धुएँ से काला होता।

उसका चेहरा डूबकर मरे बच्चे जैसा था। हालाँकि उसकी मृत्यु ज़हर फैलने से हुई थी।

उसकी आँखें अन्त तक अधखुली थीं। क्षण-भर को उसका मुख बहुत छोटा हो गया था—जैसे वह कुछ ही दिनों की हो। लगता था अभी हँस देगी वह—सपना देख नींद में।

अपनी मृत्यु में वह कभी परिचित कभी अपरिचित जान पड़ती थी। इतना साफ़ है लेकिन, वह खेल रही थी किसी पूर्वजन्म् से। हो सकता है, वह कभी डूबकर मरी हो।

जब वह जा रही थी सप्त-ऋषियों के पास, हमने उसे नहीं देखा।

लेकिन उसकी जीवन-रेखा अभी भी लम्बी थी—आकाशगंगा जितनी—और पढ़ी जा सकती थी उसके हाथ में।
यह अच्छा ही है कि उसने नहीं सीखीं काग़ज़ की नावें बनानी, न काग़ज़ के हवाई जहाज़। उनमें हमें ख़ुद ही डूबना था। ध्वंस होना था उसके जाने के बाद।

इन सब तथ्यों को पूरी सपाटता में इस तरह या किसी भी तरह कहीं दर्ज किया जाना ज़रूरी है क्योंकि सम्भव है, कुछ वर्षों बाद कोई माने ही नहीं कि वह यहाँ कभी थी भी।

[1994]

सात

कहीं से भी आ जाती थी वह
किसी भी वेश में

हवा की तरह
तूफ़ान की तरह
रास्ता रोकती टहनी की तरह

घेर लेती थी उसे
हर तरफ़ से

एक उससे बचती फिरती थी
एक उसे घेरती फिरती थी

फिर बैठ जातीं दोनों बीच चौराहे में

कौन किसके सूखे स्तन पर
कौन किसके सूखे मुँह पर
रोती थी अपने
अदृश्य हाथ फेरकर

कोई नहीं जानता

[1993]

आठ

इसी तरह ढूँढ़ता था स्तन
शून्य में
मृत बच्ची का दुधमुँहा चेहरा

इसी तरह फटने को
हो आता था हृदय
जब शोक में नहीं होता था

बच्ची अटक जाती थी
हलक़ में
फिर भी इसी तरह चुनती थी
वह जीवन

काठ हो जाती थी काया
काया काठ

उठती थी
बच्ची की राख से
न-हुई माँ

इसी तरह।

[1993]

नौ

एक स्त्री तुम्हारी अनुपस्थिति में चलती है

निद्रा में नहीं
स्मृति में नहीं
शोक में नहीं
सीधी-सपाट अनुपस्थिति में चलती है एक स्त्री

यह अनुपस्थिति
तीन या चार आयामी नहीं
जो ठोस है
छाया जिसकी गिरती है
तमाम बाक़ी चीज़ों पर

जिसमें एक अवकाश होता है
और उसके रहते
साँस लेने की जगह

धार की तरह है यह अनुपस्थिति
अदीख व छाया-रहित
जिस पर वह चलती है

इस स्त्री के जीवन का
हर घंटा, हर दिन, हर वर्ष
रहता है हमेशा
एक घंटा, एक दिन, एक वर्ष

कोई असहनीय क्षण
घड़ियाँ नहीं बनता फैलकर
इस स्त्री के अनुभव में
काल क्या है—
एक पल से दूसरे पल तक
रस्सी की तरह टँगा—
वह ख़ूब जानती है

इसलिए यह स्त्री जब कहती है
कि वह तुम्हारी अनुपस्थिति में चलती है
तो वह आघात करती है
अपने मर्म पर
तमाम ठोस क्षणों के बीतने के
पीड़ा-स्थल पर

इसलिए यह स्त्री जब कहती है
आज तुम होतीं अगर
तो होतीं चौथी कक्षा में

तो उसे मालूम होता है
काल में हमेशा के लिए
जम जाने का अर्थ

जैसे कि
इतनी ही छोटी रहेंगी तुम्हारी फ्रॉकें
अनन्त समय तक

ऐसी ही अनगढ़ रहेगी तुम्हारी लिपि
उँगलियों के अटपटेपन में

ऐसा ही बुद्धू रहेगा तुम्हारा खेल
दिगन्त तक
छोड़ दिया जो तुमने अधबीच

इसलिए यह स्त्री
जब नाम देती है तुम्हारे अभाव को
चार वर्ष बाद
काल में तुम्हारे चौथी कक्षा में पहुँचने पर
तो इसके कई अर्थ हो सकते हैं

यानी कि सम्भव है
वह चौथी कक्षा के बहाने
कुछ और कह रही हो

सम्भव है वह 'काबुलीवाला' कह रही हो
जो पढ़ी थी उसने चौथी में
या उस नन्हे पंजे के बारे में

छपा था जो उसके सीने पर

सम्भव है इसने भी
रख छोड़ा हो कोई रहस्य
उसकी तरह

शास्त्रों में एक स्त्री के बूढ़ी होने के
कई नियम लिखे हैं

कुछ नहीं भी लिखे हैं

एक सन्तान की अनुपस्थिति में से
पल-पल गुज़रना

ठोस तर्क-बुद्धि लेकर

एक ऐसा ही नियम है

[1994]

छाया-बहनें

गोपनीय कुछ भी नहीं, कहीं भी नहीं;
जो गोपनीय है, वह हमेशा यही कहता है।

—मॉरिस ब्लांशो

आयोवा ’90

एक

तुम अभी कहीं नहीं हो।

शहर उनके दोस्तों से भरा है। बाहर एक नदी है जिसमें चमकती है उनकी आठवीं मंज़िल। एक मेपल है, रात-भर जिसके पत्ते गिरते रहते हैं। वे सब ख़ुश हैं। उन्माद की हद तक।

एक रात वह नींद में चलती-चलती अपने कमरे की खिड़की से कूद जाती है। यह रात, यह नींद की सड़क बहुत लम्बी होनेवाली है। कई बरस बाद एक भिक्षुणी तुम्हारा दरवाज़ा खटखटाएगी। आधी रात के सन्नाटे में। भिक्षा की तलाश में। उन दिनों भी नदी पर बर्फ़ जमी होगी।

लेकिन यह बहुत साल बाद होगा। अभी तुम कहीं नहीं हो।

[1995]

दो

एक ही पात्र है उसके पास। बारी-बारी सब दिशाओं में वह जाती है, भिक्षा माँगती। जिनसे माँगती है भिक्षा, वे अब कहीं नहीं हैं। वे सब चले गए हैं अपने-अपने घरों को। उसका पात्र ख़ाली है। उसका पात्र भरा है। उसके हाथ खा रहे हैं अदृश्य भोजन।

अब यही एक रहस्य है भिखारिन राजकुमारी का। देर-सबेर इसमें भी कोई झाँक लेगा—बन्द खिड़की या दरवाज़े से।

उसे नहीं मालूम, दूर कहीं दूर, निकलते हैं सड़कों पर वे सबके सब। भिखारियों के झुंड। चेहरे उनके भी नहीं दिखते—दर्पण में।

[1995]

देवदूत या कुछ भी

देवदूत अपने पंख किसी और भू-लोक में छोड़ आया था और अब हमारे घर के बाहर खड़ा था।

उसके पास हमारे लिए कोई सन्देश था या नहीं, हमें नहीं मालूम, लेकिन वह वहाँ खड़ा था। कुछ भूलता-सा। बार-बार दीवार पर लिखा हमारा नाम और हमें देखता। यह भी सम्भव है कि उन दिनों हमीं देवदूत रहे हों और वह किसी मर्त्यलोक का प्राणी रहा हो। ईश्वर के नाम कोई सन्देश छोड़ने वह हमारे पास आया हो और आते-आते सब भूल गया हो। यह उन दिनों की बात है जब समस्त संसारों में अनन्त आवाजाही थी और आज की तरह लोग अपने घरों में फँसे नहीं रह जाते थे। बाहर बरसात के कारण।

न जाने कितने हज़ार वर्ष बीत गए थे ब्रह्मा की एक क्षीण नींद में। वह वहीं खड़ा था, देवदूत या कुछ भी, गली के कीचड़ में।

उन दिनों पंखों की अत्यन्त कमी थी और हम नहीं जानते थे कि ऐसी विचित्र स्थिति में, जबकि वह अपने घर का रास्ता भूल गया था, हमें उसे भीतर बुलाना चाहिए था या नहीं।

[1995]

श्राद्ध के दिनों में

कभी-कभी आकाश से हमारी माँएँ उतर आती थीं।

हम पिताओं का तर्पण करते। उनके लिए नाना भोजनों की गन्ध देवलोक में भेजते। माँएँ हमारी निचले आकाशों में, हमारी प्रार्थनाओं की अनुपस्थिति में मँडराती होतीं। हम उनकी शान्ति की चिन्ता नहीं करते थे और सोचते थे, उन्हें भी शान्ति पाने की ऐसी जल्दी नहीं होगी।

पिताओं को भोज पर आने में देर लगती। ऐसा लगता, वे दूसरे लोकों में सुख से हैं। भोजन समाप्त करते हुए वे हमारे चिन्तित चेहरे देखते, उसी उदासीनता से, जो उनमें जीवित रहते समय थी। माँओं को हम नहीं परोसते थे हालाँकि वे वहीं होती थीं, पिताओं की थाली के पास।

शान्ति के लिए हम भटकते थे, हमारी माँएँ भटकती थीं, लेकिन तर्पण हम पिताओं का ही करते थे।

[1995]

किसी दूसरे का प्रेम

कभी-कभी किसी दूसरे का प्रेम भूल से कुछ देर के लिए हमारे जीवन में आ जाता था।

वह सड़क पर पाई ऐसी वस्तु होता, जो न हमारी होती, न हमने चुराई होती। उसे अपने पास रख लेने का सम्मोहन भी कुछ देर बाद समाप्त हो जाता। अकसर कुछ समय बाद उसे ढूँढ़ता कोई आता और ले जाता। या वह ख़ुद ही हमें अपने घर का पता बताता और हम उसे छोड़ आते। वह एक चमत्कार की तरह आता। चला जाता।

हम उससे उबरने के लिए किसी दूसरे प्रेम का इन्तज़ार करते। और कभी-कभी तो अपना प्रेम ही किसी और के घर छोड़ आते।

[1995]

एक दिन अचानक

अकसर हम प्रेम-पत्र लिखने में सावधानी और लापरवाही, दोनों बरतते। हम अपनी ही दुनिया में खोये रहते और स्वप्न ही स्वप्न उनसे प्रेम करते। कभी-कभी तो उन्हें भी इस बारे में वर्षों मालूम न होता, जिनसे हम प्रेम करते थे।

फिर एक दिन अचानक सड़क पर चलते हुए हम जाग उठते। हमें अनुत्तरित पत्रों की चिन्ता होती। हम जहाँ कहीं भी होते, वहाँ से मेट्रो या ट्राम लेकर हड़बड़ाए हुए घर पहुँचते। उस एक ही दिन में हम अनगिनत पत्र लिखते। सबका विषय प्राय: एक ही होता। हम देरी के लिए क्षमा माँगते और कहते, ईश्वर ही जानता है इस प्रेम और इस देरी के बारे में।

एक क्षण को भी हम दर्पण में अपना हास्यास्पद बुढ़ापा न देखते। न पत्रों के ग़लत पतों पर पहुँचने की चिन्ता करते। हम यह तक न सोचते कि हमारे प्रेम-लोक के कई वासी अब तक स्वर्ग में होंगे।

[1995]

अकेले लोग

सिर्फ़ ईश्वर जानता था, वे प्रेम के नाक़ाबिल हैं।

इसलिए बाँटने उनका अकेलापन, कभी-कभी वह भेज देता था उनके पास—एक किताब, एक बिल्ली, एक कैनवस। कभी-कभी लेकिन उनकी सब बिल्लियाँ गुम हो जातीं। सब मिल जाते अपनी जगह—कुत्ते, चिड़ियाँ, तोते—बिल्लियों का लेकिन कुछ पता न चलता।

अचानक तब चुप हो जाते—शहर के सब अकेले लोग। चुप और गुमसुम। लोग उन्हें शर्मीला समझते, कभी कमअक़्ल। सिर्फ़ बिल्लियाँ थीं, जिन्हें वे प्रेम करते थे। सिर्फ़ बिल्लियाँ थीं, जो उन्हें छोड़ जाती थीं। अपने इस प्रेम की लेकिन—वे भनक तक न लगने देते।

उन्हें मदद की ज़रूरत है। सिर्फ़ ईश्वर जानता था।

[1995]

चींटियाँ

चींटियाँ अपने घर का रास्ता भूल गई थीं।

हमारी नींद और हमारी देह के बीच वे क़तार बनाती चलतीं। उनकी स्मृति में बिखरा रहता उनका अदृश्य आटा, जो किसी दूसरे देश-काल ने बिखेरा था। उसे ढूँढ़तीं वे चलती जातीं पृथ्वी के एक सिरे से दूसरे सिरे की ओर। वे अपने दाँत गड़ातीं हर जीवित व मृत वस्तु में। उनके चलने से पृथ्वी के दुख इतने हल्के होने लगते कि दिशाएँ घूमने लगतीं, भ्रमित हो। ध्रुव बदलने लगते अपनी जगह। चींटियों का दुख लेकिन कोई न जानता था।

बहुत पहले शायद कभी वे स्त्रियाँ रही हों।

[1995]

हमारे शहर में पितर

चिड़ियाँ बेघर थीं हमारे शहर में।

हम डरे हुए लोग थे। हम चूहों से डरते आए थे। और छिपकलियों से। इन दिनों मच्छर हमारे आतंक का कारण थे। और उनके पेट में पलते अदृश्य जीवाणु। हम इतना डरे हुए थे कि अगले जन्म में भी मनुष्य रहना चाहते थे। इसके लिए हम कोई भी पाप कर सकते थे।

हमें देखते ही चिड़ियाँ अपने पंख फड़फड़ातीं। हम उनके घरों में ही नहीं, दु:स्वप्नों में भी रहते थे।

पितर मँडराते हमारे शहर-भर में। कव्वे, मच्छर और बिल्लियाँ बनकर।

[1995]

पिता

उसके रक्त में घुलता है विष—उस जगह—जहाँ उसका पिता है।
कई चूहे मरते हैं। कई सदियाँ सोती हैं अपनी नींद।
कई मुट्ठियाँ पड़ती है ख़ाक उन पर। वे दोनों नाराज़ हैं
स्वयं से। पिता और पुत्री।

पिता उसका खोदता है एक क़ब्र। ग्यारह की वयस में।
अपने लिए। लेट जाती है वह जाकर उसमें। छत्तीस की उम्र में।

गाँव की वे औरतें नहीं गुज़रतीं वहाँ से, जिन्हें पिता ने
पुकारा था उस दिन। मैं यहाँ हूँ।

[1995]

तीन कन्याएँ

यह हमेशा अन्धकार में होता है। न उनका चेहरा दिखाई देता है, न सन्ताप। वह सन्दूक़ची में कपड़े ठूँसते हैं। झटके से कपाट खोलते हैं और सीढ़ियाँ उतर जाते हैं। जाने के बाद अँधेरे में उनकी रुँधी आवाज़ दिखाई देती है। और कहीं दूर चले जाने की ज़िद।

साल-दर-साल वे तीन इसे देखती हैं। बुढ़ापे की मुँडेर तक। अन्त तक दिखाई नहीं पड़ता पिता का चेहरा। वे तीनों वहीं दुबकी पड़ी रहती हैं। एक ही बिस्तर पर। आठ, छह और दो की उम्र में अटकीं।

[1995]

सियालकोट-1947

इसी तरह हमेशा चल पड़ती है वह रेलगाड़ी। ठुँसे रहते हैं उसमें घबराए हुए लोग। शौचालय तक में। तिल-भर रखने की जगह नहीं कहीं। बाहर दंगाई हैं। मार-काट है। भीतर एक स्त्री है। उसकी शर्म है।

अनन्त समय तक इसी तरह घटती है घटना। रेल छूटने से दो मिनट पहले वह घबराकर उतर जाती है। झाड़ियों की ओट ढूँढ़ती। यह अन्तिम बार है जब वह दिखाई पड़ेगी। हर रोज़। शाम छह और सात के बीच।

जब उस स्टेशन से कोई गाड़ी नहीं गुज़रेगी।

[1995]

टेलीफ़ोन और सन्नाटे

अकसर हम स्वयं को एक टेलीफ़ोन बूथ में घुसा पाते।

हम उन्हें फ़ोन करते जो अल्प-परिचित थे। हम उन्हें भी फ़ोन करते जो अपरिचित थे। साँस रोके हम उनके घर, उनके हुलिए, इस समय वे क्या कर रहे होंगे आदि का अन्दाज़ा लगाते। हम चुप रहते क्योंकि ये प्रश्न हम उनसे सीधे नहीं पूछ सकते थे।

कुछ दिनों बाद एक सिलसिला चल निकलता। अब वे हमसे नहीं कहते थे कि हम क्या चाहते हैं बल्कि वे भी दम साधे सुनते हमारी अनुपस्थिति की आवाज़। अब वे हम पर फ़ोन पटकने से बचते थे। कभी-कभी तो वे हमारी प्रतीक्षा करते पाए जाते थे। इस तरह हम, जो उनके घरों में नहीं जा सकते थे, उनके शून्य में अपनी जगह बनाते।

वे अन्त तक न जान पाते कि हम किसी दूसरे ग्रह से आए हैं। कि हमें ख़ुद नहीं मालूम, हम उनसे क्या चाहते हैं। इस तरह हम शहर की गलियों से गुज़रते। बाज़ार-भर में एक ही बात फैली होती।

इन दिनों फिर से टेलीफ़ोन में सन्नाटे का मौसम चल रहा है।

[1995]

सुरंगें

बहुत पहले सुरंगों का आध्यात्मिक और अस्तित्ववादी महत्त्व होता था। उनमें से गुज़रकर लोग जीव-जगत के दूसरी ओर पहुँचते थे। अकसर वहाँ कोई प्रियजन, मेघ या देव-दूत प्रतीक्षारत पाया जाता था। उनमें क्या बातें होती थीं, इसके हवाले नहीं मिलते—लेकिन ऐसा विश्वसनीय लगता है कि इन वार्तालापों के बाद संसार सहनीय हो जाता होगा।

सुरंगें आत्म-संलाप का भी साधन थीं। उनके अँधेरे में व्यक्ति ऐसी-ऐसी बातें कह जाता था जो प्रकट जगत में कहीं सम्भव न था। लेकिन उन दिनों भी सुरंगें कुछ ही लोगों को उपलब्ध थीं। उन्हें पाने के उतने ही जंजाल थे, जितना उनसे बचे रहने के। कहते हैं, कभी-कभी उनमें विश्वासघात का ख़ूनी खेल भी खेला जाता था।

रहस्य—आध्यात्मिक हो या अस्तित्ववादी—ख़तरनाक हो सकता है।

[1995]

निःसन्तान

एक

कभी-कभी वह बिलकुल भूल जाती है। जिसे वह इस बार बता रही है तीन साल का, पिछली बार वह तेरह का था। पाँचवीं में पढ़ती थी बच्ची जो, अब आठवीं में आ गई है, जबकि उन्हें मिले अभी छह महीने ही गुज़रे हैं। पिछली बार दोनों में से एक बहुत अच्छा गाता था, जबकि इस बार कह रही है वह, दोनों अच्छे निकल रहे हैं गणित में। नाम तक गड़बड़ हैं उसकी स्मृति में। सहेली वाले आ गए हैं उसकी जुबान पर।

बहुत दिन हुए, ईश्वर ने चुरा लिये थे उनके बच्चे। अब वे सिर्फ़ उन्हें ढूँढ़ती फिर सकती हैं।

[1995]

दो

एक के बस्ते में भरी हैं किताबें तसवीरों वाली। दूसरी ढूँढ़ रही है वर्णमाला का क़ायदा। एक कहती है, अक्षर-ज्ञान करवाने का यह ढंग पुराना है। उन्हें किसी कथा-कहानी से शुरू करवाओ। दूसरी के बच्चों की आँखें बुझी-सी हैं। चिड़िया-कव्वे की उसकी कहानी बहुत दूर तक नहीं जाती।

जिनके होते नहीं, वे नहीं सीख पातीं आख़िर तक, कहानियाँ बुनना।

[1995]

फ़्रीदा काहलो

एक

यह नरमुंड
जिससे
खेल रही है वह
उसका अपना है

इस हाथ छोड़ती उसे
एक चित्र में
लपक रही है वह
उसे
दूसरे हाथ
दूसरे चित्र में

भीड़ लग गई है
एज़टेक देवताओं की
उसे देखने
खेलता

वह चिढ़ा रही है
मातृ-देवी को
वह उकसा रही है
कुल-देवों को

यह जो बिखेर रही है वह
अपना रक्त
चित्र-दर-चित्र
उसे ख़ुद ही पीना है

देवों को नहीं
देनेवाली वह
एक भी बूँद

यही उसका दुराग्रह है
किंचन-सा

यह नरमुंड एक
गेंद है दुख की
गेंद है अ-दुख की

अटकाना चाहती है इसे वह
भूखे देवों के
कंठ में

[1990-96]

दो

एक ही वाक्य लिखती है वह जीवन-भर।

अपने चित्रों पर। टूटे मेरुदंड पर। अपने बच्चों के शव पर। ज्यों-ज्यों वह वाक्य लिखती जाती है, उसकी अँगूठियाँ बड़ी हो जाती हैं और पोशाकें भव्य। भीड़ लग जाती है कैलिफ़ोर्निया की सड़कों पर। कोई नहीं जानता वह तन्मय है अपना एकमात्र वाक्य लिखने में।

एक बार यहाँ से जाकर मैं फिर लौटना नहीं चाहती।

यह एक वाक्य है, जिसे वह सही-सही, हर हिज्जे और मात्रा में, सिर्फ़ आख़िरी रात लिख पाती है।

[1995]

तीन

मृत्यु उसके कैनवस से बाहर है कि भीतर, कुछ पता नहीं। मृत्यु उसके साथ खड़ी देख रही है उसको, या कि झाँक रही है उसके चित्र में से उसे, कुछ पता नहीं। वह जो भी चित्र रचती है, मृत्यु लेट जाती है जाकर उसमें। अगर वह हटाती है उसे, तो मृत्यु लेटा देती है वहाँ उसे।

यह एक खेल है जो वे दोनों खेलती हैं। अनन्त चित्रों में। छाया-बहनें।

[1990-95]

यह जो तुम्हारा टखना है

[रामकुमार के लिए]

यह जो तुम्हारा टखना है
इसमें घूम रही है एक
नन्ही-सी पृथ्वी

इसी में है वह
पतली-सी चूल
गड़बड़ा जाती है जो अकसर
हिलने लगती है जब
इसकी पृथ्वी
अपनी सोच में

यह जो तुम्हारा टखना है
अदृश्य की सौग़ात है

तुम्हें भेजकर पृथ्वी पर
उसने रख दी है
एक और नन्ही-सी पृथ्वी

तुम्हारी हड्डी की ओट में
तुम्हें न बताकर

तुम्हें नहीं मालूम
कि कभी-कभी तुमसे छिपकर

तुम्हारे चित्रों के बादल
और पहाड़
आते हैं टहलने
तुम्हारे टखनेवाली पृथ्वी पर

तुम्हें नहीं मालूम
कि कभी-कभी कहानियाँ
भड़भड़ा रही होती हैं जब
तुम्हारी नींद का दरवाज़ा
घूमती है यह
तुम्हारी नन्ही-सी पृथ्वी
तेज़
और तेज़
एक विचित्र उत्कंठा में

यह जो तुम्हारा टखना है
जिसके बल पर तुम
निकलते हो रोज़
परायी हवा
पराये बादलों से बातें करने
चाहता है

कि तुम देखो रुककर
इसकी पृथ्वी भी

कभी-कभी इसीलिए
यह लगाता है अड़ंगा
तुम्हारी तेज़ रफ़्तार में
ख़ासकर जब तुम
जा रहे होते हो
इससे बिलकुल लापरवाह

क्या तुम्हें मालूम है?

[1996]

अँधेरे में बुद्ध

जो भी ईश्वर को देखता है, मर जाता है। मरना सिर्फ़ एक ढंग है—अदृश्य को देखने का, अकथ को कहने का।

—मॉरिस ब्लांशो

लेकिन भिक्षुओ, वे प्रवचन जो कवियों ने बनाए होंगे, जो कविता होंगे, शब्दों और वाक्यों के झुरमुट, अनुयायियों की कही बातों से अलग, अजनबी—उन्हीं को लोग सुनेंगे और उन्हीं को असली उपदेश समझ उनका स्मरण करेंगे, उनका अनुसरण करेंगे। तब ये प्रवचन—जिन्हें तथागत ने कहा है, बहुत गहरे मर्म के साथ, किसी दूसरे संसार की बात कहते हुए, शून्य का सामना करते हुए—ये विलुप्त हो जाएँगे।

—महात्मा बुद्ध

सम्युत निकाय, II, 266-267

[आनन्द कुमारस्वामी की पुस्तक *गौतम द बुद्ध* से उद्धृत।]

अँधेरे में बुद्ध

अँधेरे में बुद्ध
अपनी प्रतिमा से निकलते हैं

अपनी काया से निकलते हैं
अपने स्तूप से निकलते हैं
अस्थि-पुंज से निकलते हैं

अँधेरे में बुद्ध
परिक्रमा करते हैं
माया की
मोक्ष की
पृथ्वी की

काँटे की नोक पर
ठिठकते हैं
अँधेरे में बुद्ध

दुख उनके लिए है
जो उसे मानते हैं
दुख उनके लिए भी है
जो उसे नहीं मानते हैं

सिर नवाते हैं
अँधेरे में बुद्ध
अगरबत्ती जलाते हैं
सामने उसके
जो है
जो नहीं है

एक मुद्रा से दूसरी मुद्रा तक
एक प्रतिमा से दूसरी प्रतिमा तक
अँधेरे में बुद्ध
अपनी जगह बदलते हैं
जैसे उनकी नहीं
दुख की जगह हो

[पाँच बुद्धों का मन्दिर, पेइचंग, 1994]

घूम रहे हैं उद्विग्न बुद्ध

कभी-कभी बुद्ध
उकता जाते हैं

गई रात निकलते हैं तब
चुपके से
हाल जानने दूसरे बुद्धों का

कुछ हैं जो खड़े हैं वनस्पतियों में
कुछ हैं जो लेट गए हैं जाकर
महानिर्वाण की मूर्तियों में
कुछ हँस रहे हैं अभी तक
ऊँचे उठ रहे हैं कुछ मैत्रेय
मन्दिरों की छतों से
बाहर आने को

घूम रहे हैं कुछ बुद्ध
उद्विग्न इस पृथ्वी पर
कोई नहीं उत्सुक

उनकी बात सुनने को
कोई-कोई बुद्ध एकदम
गुमसुम हो गए हैं
बची नहीं एक भी बात
बुद्धों के पास
बोध के बाद
आपस में करने को

संसार जल रहा है अभी तक
उसी तरह
दलदल में धँसे हैं
अभागे उसी तरह

थक गई है अग्नि
थक गया है बोध
थक गया है बैल भी
पृथ्वी के नीचे

बुद्ध भी थक गए हैं
बुद्ध होते-होते

[लेटे हुए बुद्ध का मन्दिर, बैंकॉक, 1994]

करवट बदलते ही

करवट बदलते ही ऐसा लगता, जैसे अभी-अभी कोई यहाँ था।

हमारी नींद में हमारे पीछे जाने कौन-कौन से दैत्य लगे होते। अकसर एक जंगल होता जिसमें हम भाग रहे होते। छुपने को कोई घर न मिलता कि हमें शरण देनेवाले घरों को जो दरवाज़े लगने थे, वे अभी भी जंगल में पेड़ होते। बिस्तर पर शिथिल हमारी देह स्वप्नरत होती। कोई भी उसे दबोच लेता—देवता या दैत्य। हम नहीं जाते थे लेकिन उसकी शरण में। स्वप्न तक में।

ऐसे में अकसर हमारे स्वप्नों के बाहर आ खड़ा रहता था वह। आधी रात। लोग कहते—तथागत।

[1995]

वे दो

सिर मुँड़ाने के दिन थे वे

मुँड़े सिरों के भीतर
चलते थे सन्ताप
अनन्त

एक वह था
जो ज़िद पर था
राजा और पिता
होने के बीच
जाने कब से
अकेला खड़ा था

जितना वह
होता गया एकाकी
उतना वह
चलता रहा उद्भ्रान्त
गलियारों में

उतना उसे छलते रहे
नक्षत्रों वाले घर

किसे पता
सत्य का क्या चेहरा था?
घूमता था उसका अपना
उचाट
निर्वंश
लोग कहते-फिरते थे :
ईश्वर।

[कपिलवस्तु, 1995]

लुम्बिनी

जाने कौन बिठा गया है उसे
बनाकर शिशु
वट की इस खोखल में

जाने कौन छोड़ गया है
रँगकर उसे रोली से
कृशकाय यहाँ

जाने कौन-सा वह व्योम था
चला जिसमें वह
सात पहले क़दम

कौन-से वे देवता थे
कौन-सा वह काल
कौन-सा वह ईश्वर था
बदलकर आदमी का भेस
जो आया यहाँ

अभी तक हँस रहा है वह

[1995]

उसकी नींद में

स्वप्न में राजकुमार की नींद में चलते हैं बहुत-से सफ़ेद बाल। किसी का चेहरा सिकुड़ने लगता है अनगिनत झुर्रियों में। प्रियजन बिछुड़ रहे हैं स्वप्न में एक के बाद एक। भाग रहा है वह बदहवास छायाओं के पीछे। नसें भाग रही हैं उसके पैरों के पीछे। स्वप्न में देखता है राजकुमार कि अन्धा हो रहा है वह। उसके माथे पर है गोमड़ का निशान। स्वप्न में कि स्वप्न से बाहर उसकी देह में, उसे नहीं मालूम।

एक दिन वह उठता है। बैठ जाता है जाकर किसी अज्ञात वृक्ष की जड़ में। जाग जाने के लिए।

[1995]

स्वप्न में नवजात

स्वप्न में राजकुमार प्रवेश करता है अपनी माता के गर्भ में, सफ़ेद हाथी बनकर। उसका नवजात भी प्रवेश करता है कई वर्ष बाद उसके स्वप्न में—जरा, जीर्ण और मृत्यु बनकर। काल खाता है उसके शिशु को बेरोक। दुःस्वप्न के भीतर दुःस्वप्न के बाहर। राजकुमार विचलित

पूछता है मित्र से

और

देखता है

मित्र को
भी
खा
रहा है
काल

[1995]

सिर्फ़ शव

सिर्फ़ शव
पूछता है प्रश्न
हर युग में

सिर्फ़ शव
जानता है सत्य
हर युग में

वही भोगता है क्लेश
स्मृति का
वासना का
अन्त के बाद भी

बार-बार
खड़ा होता है वह
स्वयं से दूर जाने को
बेताल की तरह

सिर्फ़ शव है
जो दूर नहीं जा सकता
अपनी देह से
और पूछ सकता है

प्रश्न सिर्फ़

[1995]

वह नहीं कहता—घर

वह नहीं कहता—घर।
वह नहीं कहता—डर।
वह नहीं कहता—प्रश्न।
प्रियजन—यह भी नहीं कहता वह।

अपने भीतर बैठ जाता है वह उकड़ूँ होकर। उसका प्रश्न उसके भीतर उकड़ूँ होकर। कोठरी उसकी छोटी है। न वहाँ लेटा जा सकता है, न खड़ा। एक दिन वह आता है इस कोठरी से बाहर। आता है उसका प्रश्न उसके साथ।

छूट जाते हैं सारे घर, उसके पूर्व-जन्मों में। बिछुड़ जाते हैं इस बार, जो बिछुड़ते रहे थे अब तक।

उसके लिए घर नहीं, सन्ताप है।

[1995]

कपिलवस्तु के खँडहर

स्त्री के वक्ष पर रखा तुम्हारा हाथ, ठिठक गया था जो उस दिन,
वह अब भी यहाँ है।

ठहरा था एक ईश्वर जो उस रात—तुम्हारी स्त्रियों के मुख पर,
तुम्हारी अ-पुरुष हुई देह में अचानक—वह अब भी यहाँ है।
अभी तक नहीं मिली तुम्हारी देह—कपिलवस्तु की चींटियों को।
भटकती हैं वे, भटकती है तुम्हारी कई दिनों की भूख।
चली आई थी वह तुमसे छिपकर—पिता की इन गलियों में।

स्त्री जो सो रही थी महल के एकान्त में उस दिन।
अपने नवजात के संग। अभी तक सो रही है खँडहर में।

[1995]

सुजाता का अन्न

जितने दानों पर लगी थी योगी की मोहर, उतने ही जाते हैं उसके भीतर। उतने ही पका पाती है सुजाता, उतने ही ढलते हैं उसके बर्तन में। उतने ही दानों के आसरे काटता है उनचास दिन, ध्यानरत योगी। उतने ही होते हैं पर्याप्त, समझाने को उसे सृष्टि का मर्म।

अन्तिम है यह भोज। धूमिल पड़ जाएगी इसकी स्मृति भी, निविड़ रास्तों पर। गड्ड-मड्ड हो जाएँगे तरह-तरह के अन्न, भिक्षा-पात्र में। घूमता रहेगा एक ईश्वर, होने-न-होने के बीच।

ऐसे तो नहीं आता कोई ईश्वर पृथ्वी पर। ऐसे तो नहीं भटकता कोई बिना ईश्वर।

[1995]

आदि-थेरियाँ

कुछ वे समझेंगी
कुछ वे नहीं

थोड़ा वे पाएँगी
ज़्यादा वे गँवाएँगी
उम्मीद से परे

कुछ उसकी सुनेंगी
गुनेंगी कुछ अपनी
बाहर इस देह से

होगा कहीं सच एक
होगा कहीं ताप एक

थोड़ा वे बचेंगी
ज़्यादा वे जलेंगी
अपनी ही आँच में

कुछ वे छोड़ेंगी
कुछ वे नहीं

कुछ वह देखेगा
कुछ वह नहीं

कुछ वे जिएँगी
कुछ वे नहीं

कभी चुप रहेगा
कभी वह नहीं

काल गोट खेलेगा
अन्त तक हँसेगा

[1995-96]

दाह-स्थल पर

इसी तरह
सो जाता है क्या
ईश्वर पृथ्वी पर?

लेट जाता है
दाईं करवट

भरता है अन्तिम बार
समस्त सृष्टि
अपनी तन्द्रा में

थोड़ा-सा झिझकता है
बुझाने से पहले
अपनी देह की लौ

इसी तरह विदा लेता है क्या
ईश्वर पृथ्वी से?

छूट जाती हैं भिक्षुणियाँ
शवयात्रा से

झगड़ते हैं शासक
अस्थियाँ बाँटते

स्तूप बनाते
स्मृति-लेख खुदवाते

इसी तरह
बचता है क्या
थोड़ा-सा ईश्वर
भिक्षुणियों के एकान्त के लिए?

सुनती है पृथ्वी
क्या इसी तरह
ईश्वर की नाड़ी
अपने कान के भीतर
वर्षों बाद भी?

[रामाभार स्तूप, कुशीनगर, 1995]

उसकी सभाओं में हवा

शताब्दियाँ देखती हैं उसे
एकटक रुककर

उसके जैसा
फिर न होगा

कैसे छू पाएगी
एक दिन
यह उन्नत देह

अग्नि पूछती है
ख़ुद से
फिर चल पड़ती है
उसके पीछे
छाया बन

आकांक्षा देखती है उसे
रुककर

देखती है
हवा में बहे जाती
नमी की एक बूँद

हवा बहती है
उसकी सभाओं में
बदहवास

वह उसे जाने नहीं देगी
वह उसे जाने नहीं देगी

सुनती है एक भिक्षुणी
हवा की बात
अनायास

कहती है वह भी
अपने चक्र से

वह उसे जाने नहीं देगी
वह उसे जाने नहीं देगी

प्रवचन कहता
सुन लेता है वह
उनकी बात

सुन लेता है और
हँस पड़ता है

उड़ती है उसके बाद
उसके चरणों की
धूल

शताब्दियों तक

[1995-96]